は　じ　め　に

　本書は、小さいお子様のピアノの習い始めにおいて、バイエルを目指して楽しく音符に慣れていくようにと考えて作られたシリーズの第3巻です。2巻まででト音記号の高いドレミファソを習いました。
　この3巻では、いよいよ左手のまん中の音に入っていきます。2巻までと同様にとてもゆっくりのペースで進んでいきますので、この3巻では、まん中のソファミを習います。同じ五線の上で音符の位置を覚えることは案外難しいのですが、なるべく右手の音と混乱しないよう並行して覚えていくように配慮しています。
　また、このシリーズの特徴であります「あてっこゲーム」においても、まん中の音と高い音の違いがわかるよう工夫しています。同じ音でありながら高さが違うということを耳から認識することは大切なことだと思われます。ゲームとして、いろいろな形で生徒さんと遊んであげてください。巻末には、「ハッピーゲーム」というお楽しみを用意しています。先生と協力しながら楽しく挑戦してください。
　なお、本書は㈱サーベル社より既刊の「はっぴーぴあの」と対応しています。バイエルに入る前のウォーミング・アップとしてぜひ併用してください。本書が、小さいお子様の楽しいレッスンのためにお役に立てば幸いです。

2025年1月

遠　藤　蓉　子

も く じ

まんなかのそのおけいこ …………… 4	あてっこゲーム 6 …………… 32
あてっこゲーム 1 …………… 6	あてっこゲーム 7 …………… 38
まんなかのふぁのおけいこ …………10	ハッピーゲーム 1 …………… 42
あてっこゲーム 2 …………… 12	ハッピーゲーム 2 …………… 43
あてっこゲーム 3 …………… 16	ハッピーゲーム 3 …………… 44
まんなかのみのおけいこ ………… 22	ハッピーゲーム 4 …………… 45
あてっこゲーム 4 …………… 24	ハッピーゲーム 5 …………… 46
あてっこゲーム 5 …………… 28	ハッピーゲーム 6 …………… 47

まんなかのそにあおをぬりましょう

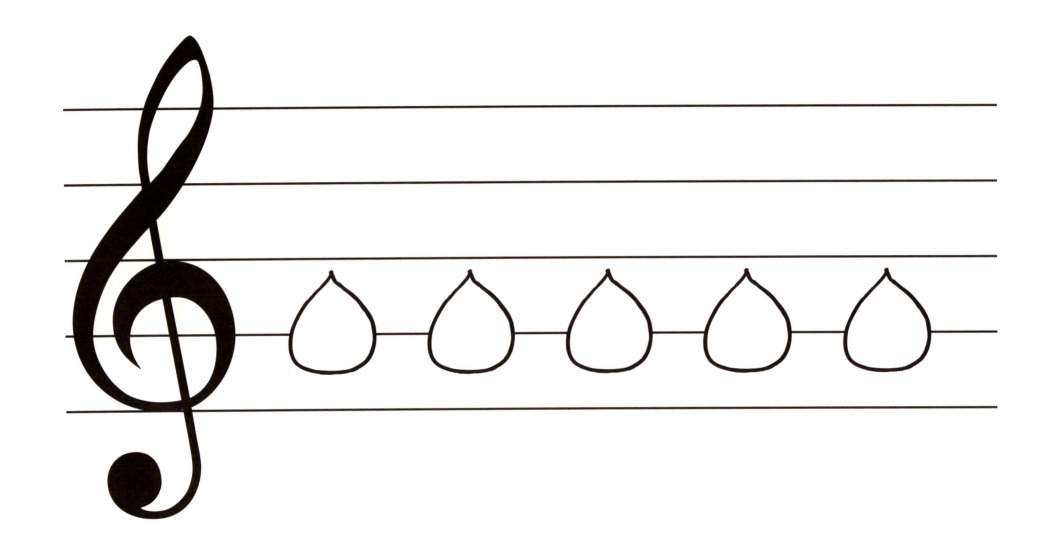

◎初めて左手のソを習います。ピアノの鍵盤の位置も説明してください。

いろをぬりましょう （いちご—あか　れもん—きいろ　はっぱ—みどり　みかん—おれんじ　みず—あお）

◎高い音とまん中の音の両方にソがあることを説明してください。

あてっこゲーム 1

おんぷにいろをぬりましょう （ど－あか　れ－きいろ　み－みどり　ふぁ－おれんじ　そ－あお）

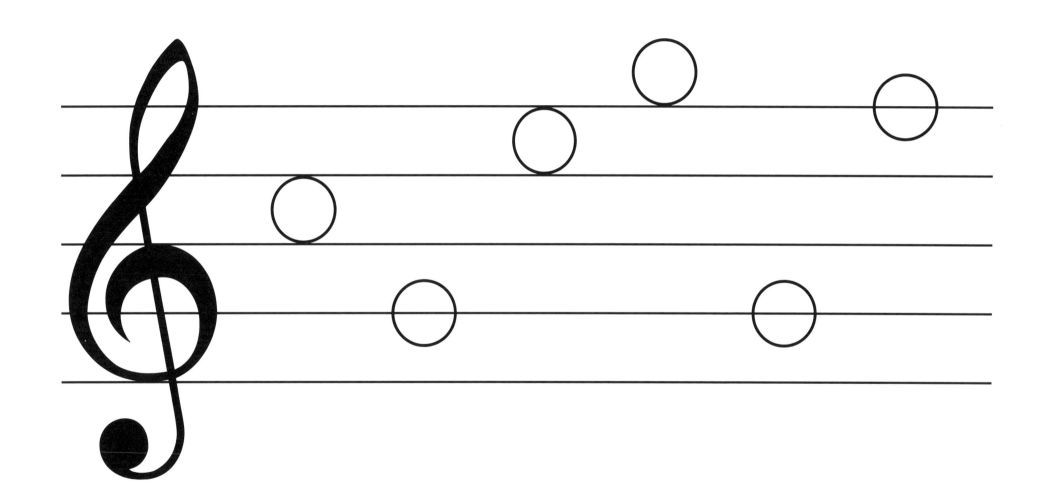

おんぷとキャンディをせんでむすびましょう

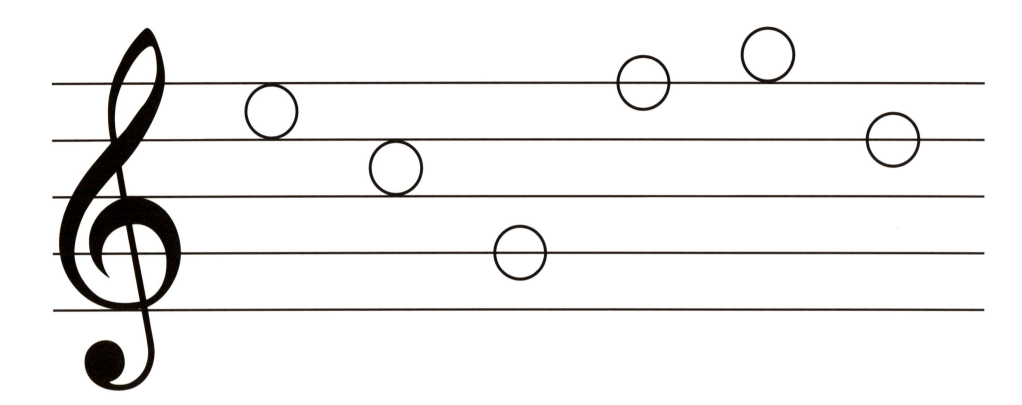

おんぷにいろをぬりましょう （ど—あか　れ—きいろ　み—みどり　ふぁ—おれんじ　そ—あお）

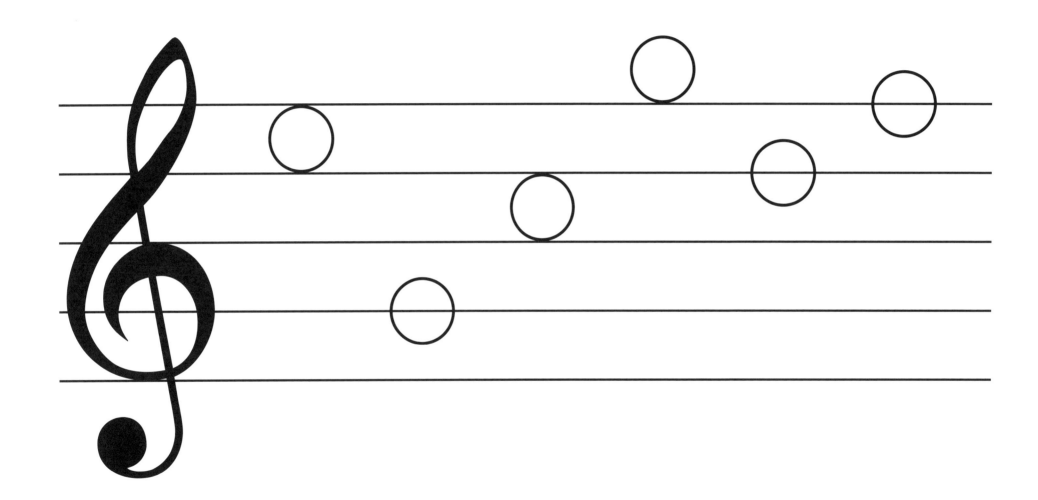

まんなかのふぁにおれんじをぬりましょう

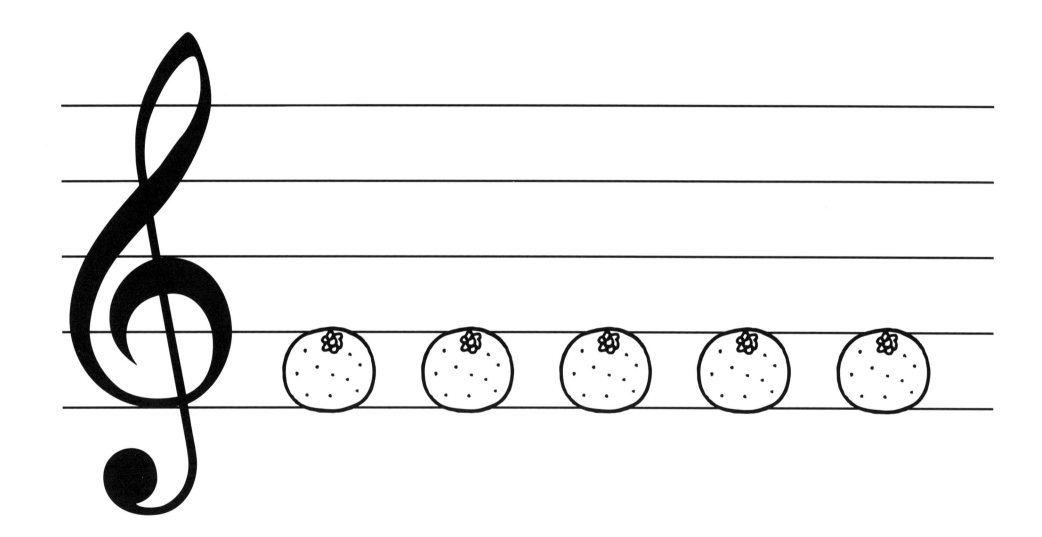

いろをぬりましょう（そ―あお　ふぁ―おれんじ）

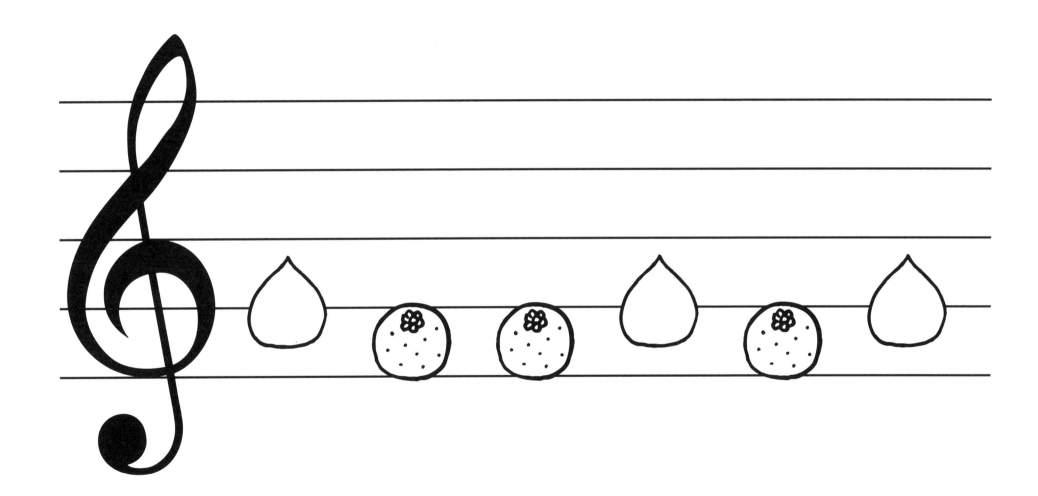

あてっこゲーム2

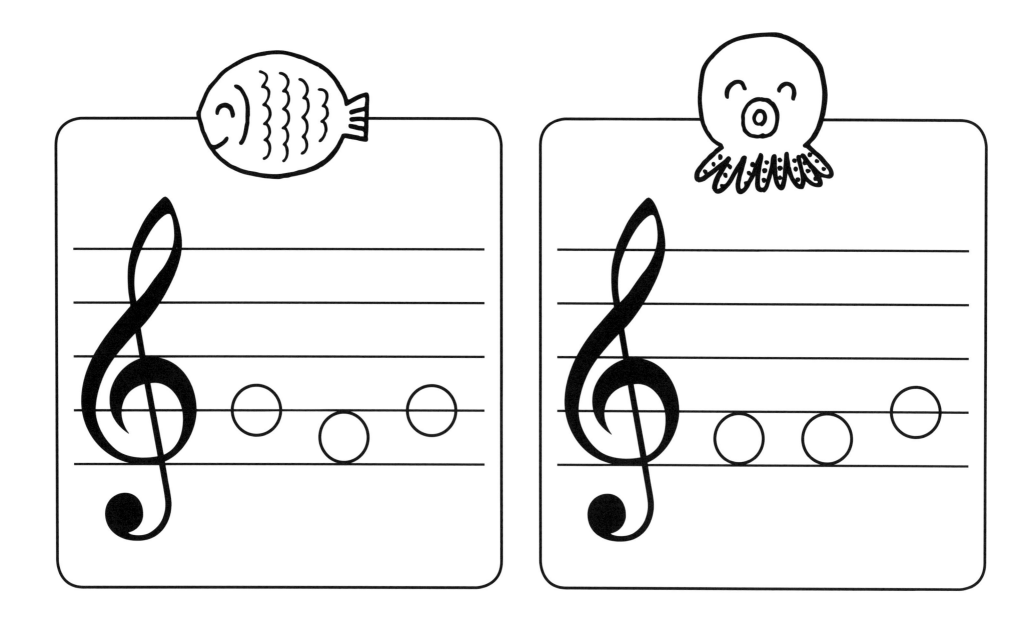

おんぷにいろをぬりましょう（そ—あお　ふぁ—おれんじ）

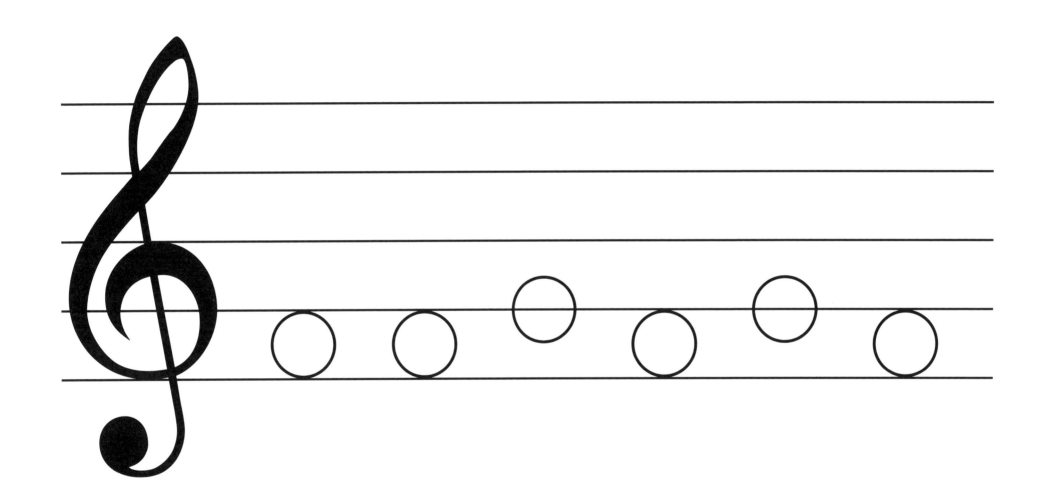

おんぷとおさいふをせんでむすびましょう

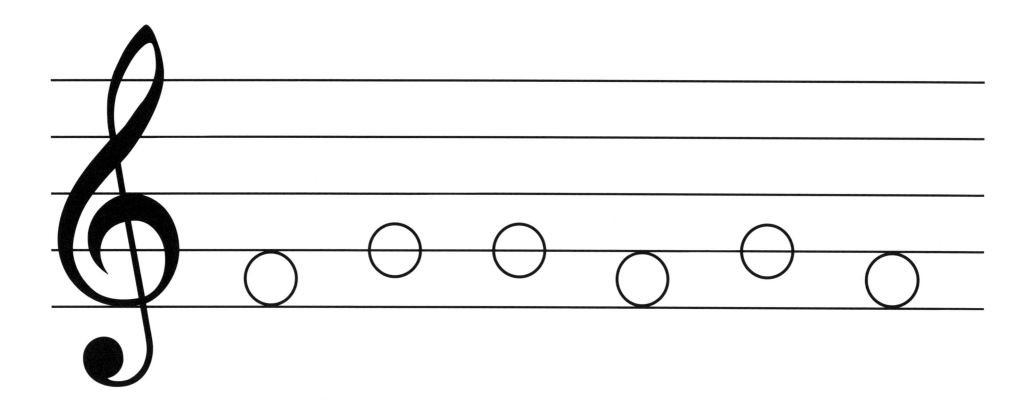

おんぷにいろをぬりましょう（そ－あお　ふぁ－おれんじ）

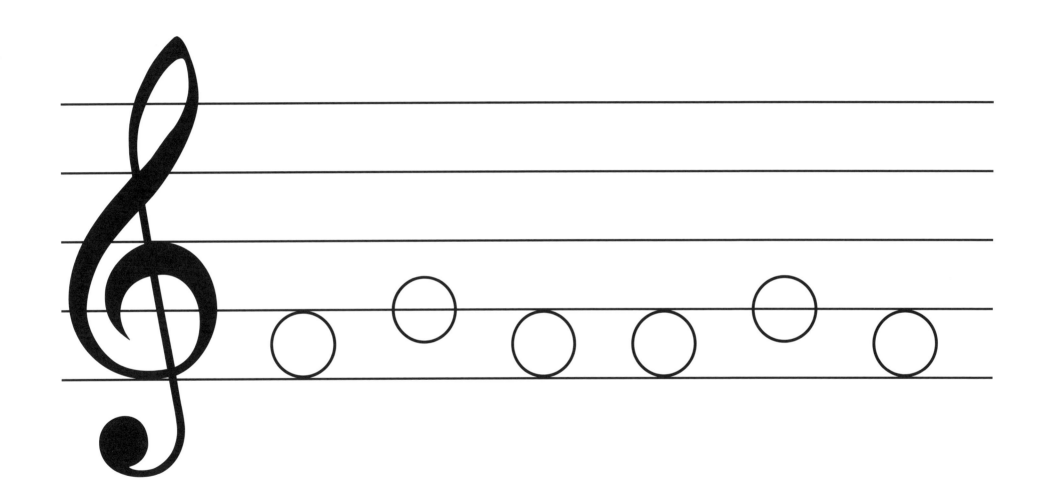

あてっこゲーム3

おんぷにいろをぬりましょう（そーあお ふぁーおれんじ）

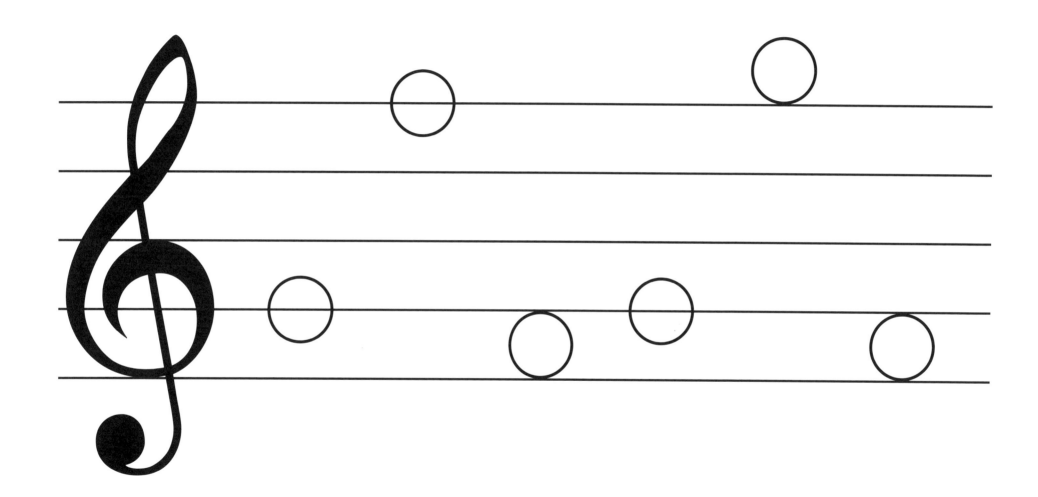

ふうせんをうさぎにむすびましょう

おなじおとのくるまをせんでむすびましょう

おんぷにいろをぬりましょう （ど－あか　れ－きいろ　み－みどり　ふぁ－おれんじ　そ－あお）

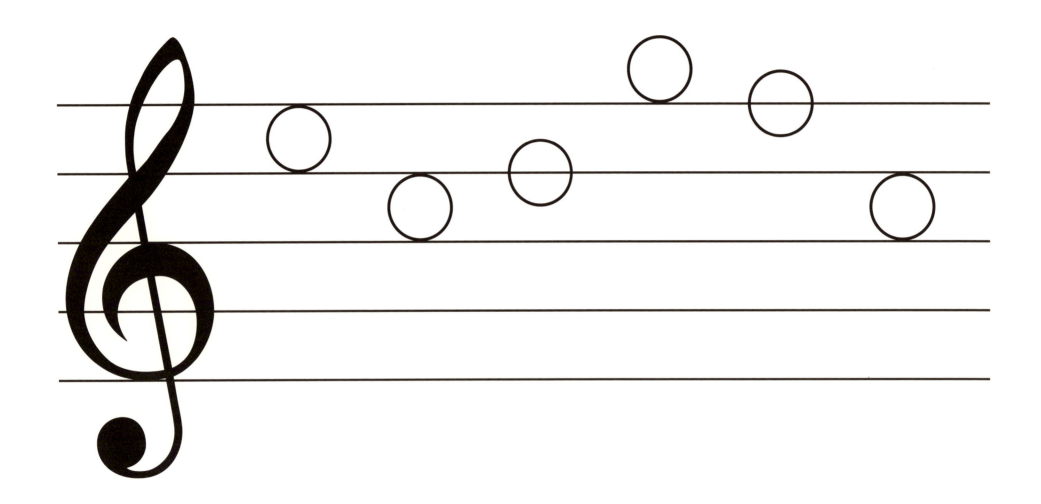

おんぷにいろをぬりましょう（ふぁ—おれんじ　そ—あお）

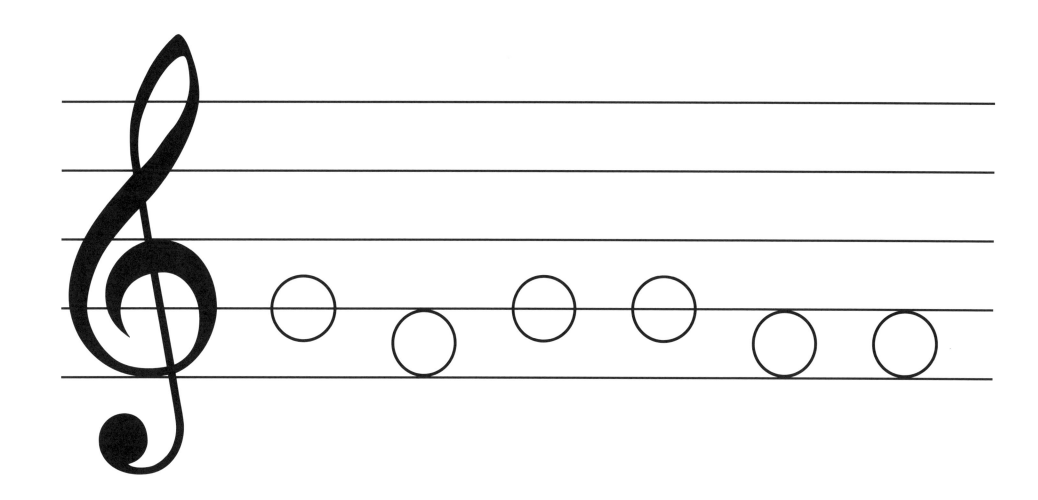

まんなかのみにみどりをぬりましょう

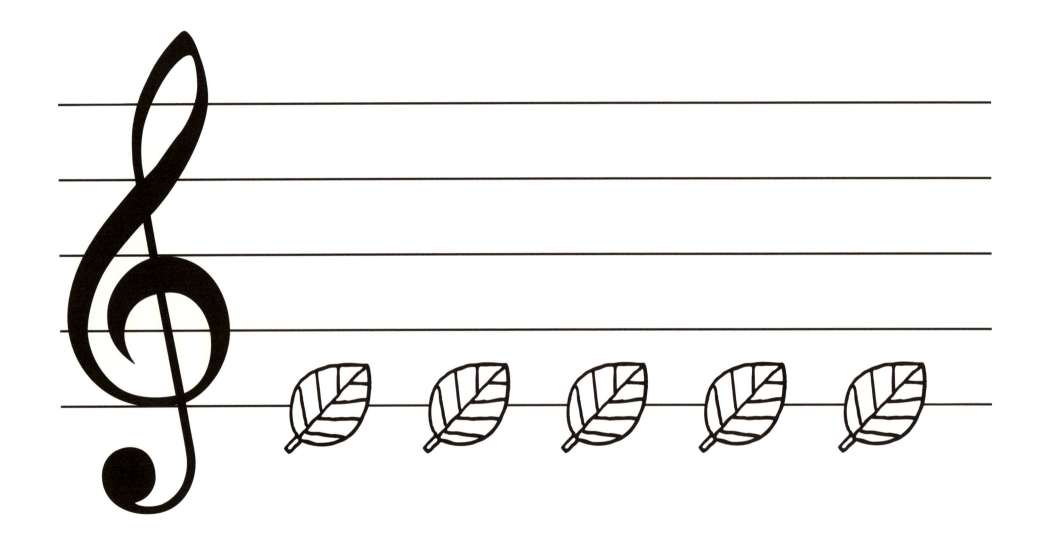

いろをぬりましょう（みーみどり　ふぁーおれんじ　そーあお）

あてっこゲーム 4

おんぷにいろをぬりましょう （み―みどり　ふぁ―おれんじ　そ―あお）

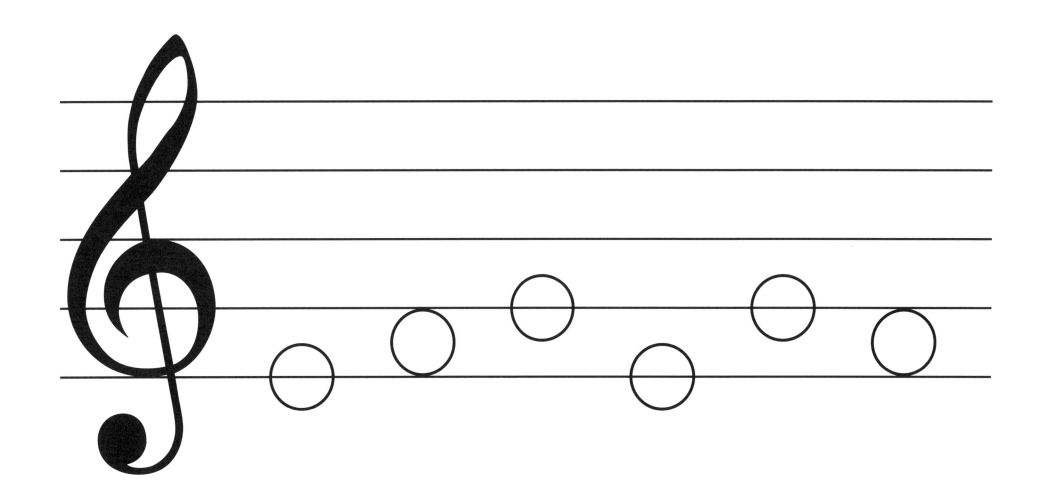

おんぷとアイスクリームをせんでむすびましょう

おんぷにいろをぬりましょう （みーみどり　ふぁーおれんじ　そーあお）

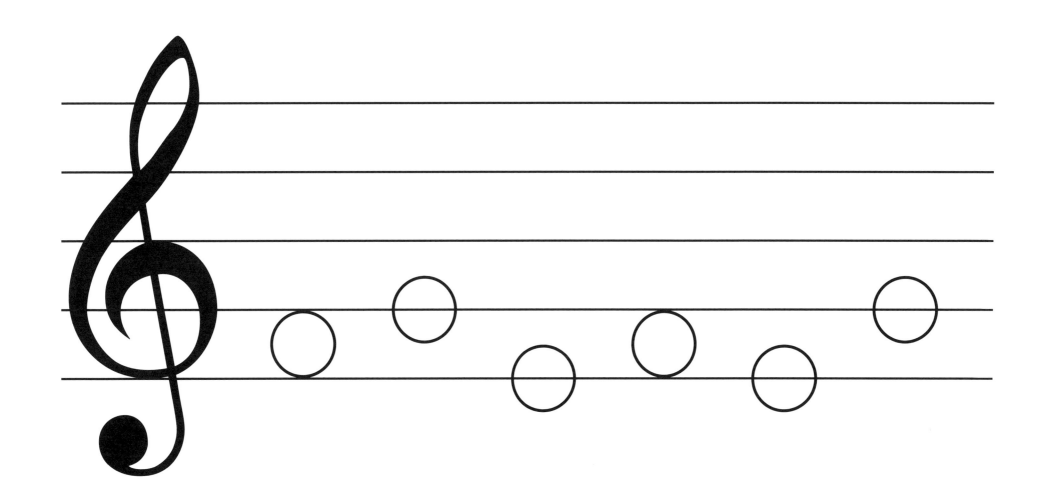

あてっこゲーム 5

おんぷにいろをぬりましょう（み―みどり　ふぁ―おれんじ　そ―あお）

ぼうしとくまをせんでむすびましょう

おんぷにいろをぬりましょう （ど－あか　れ－きいろ　み－みどり　ふぁ－おれんじ　そ－あお）

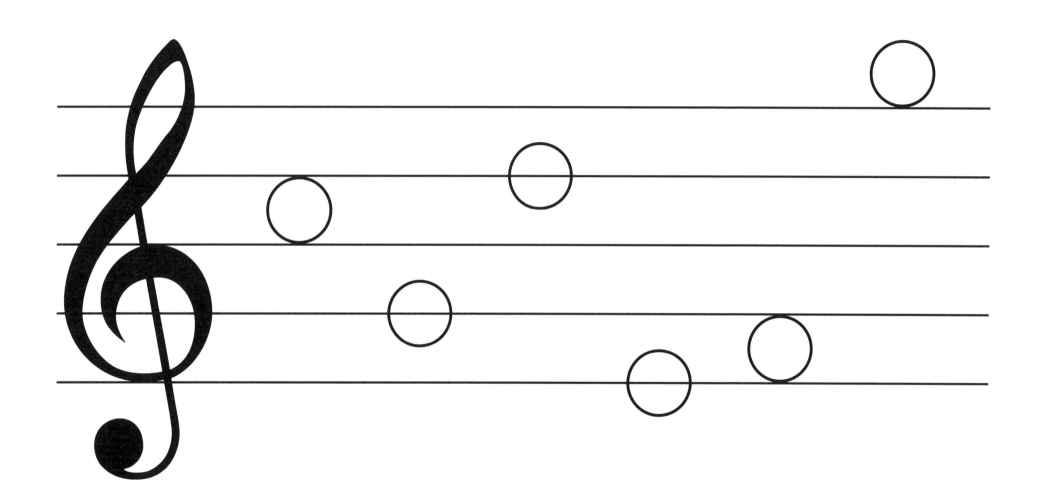

あてっこゲーム6

おなじおとのいえをせんでむすびましょう

おんぷにいろをぬりましょう （ど—あか　れ—きいろ　み—みどり　ふぁ—おれんじ　そ—あお）

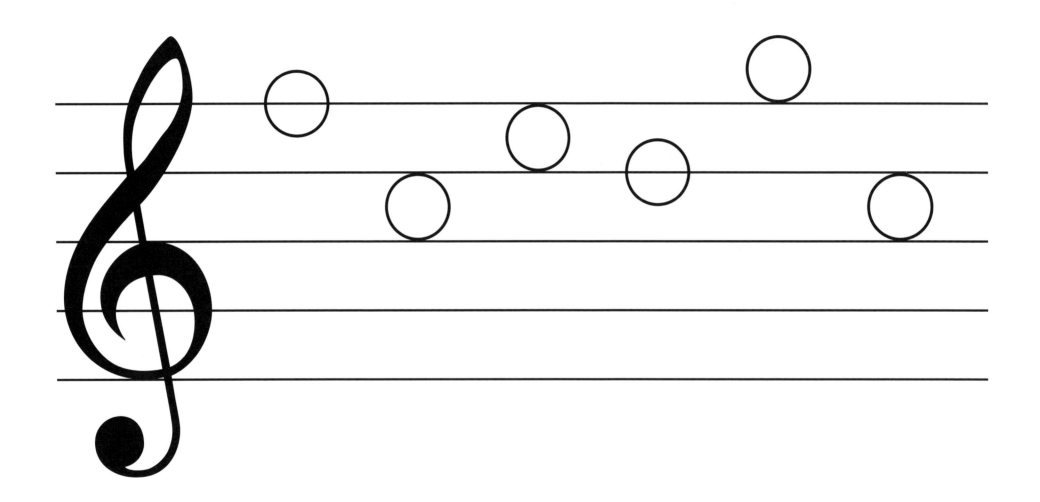

おんぷにいろをぬりましょう（みーみどり　ふぁーおれんじ　そーあお）

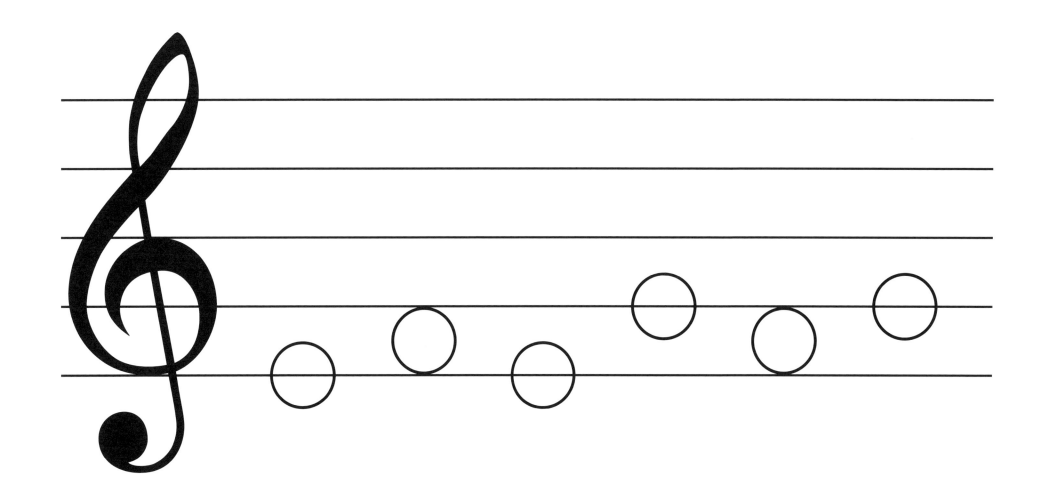

バッグとぶたをせんでむすびましょう

おんぷにいろをぬりましょう （どーあか　れーきいろ　みーみどり　ふぁーおれんじ　そーあお）

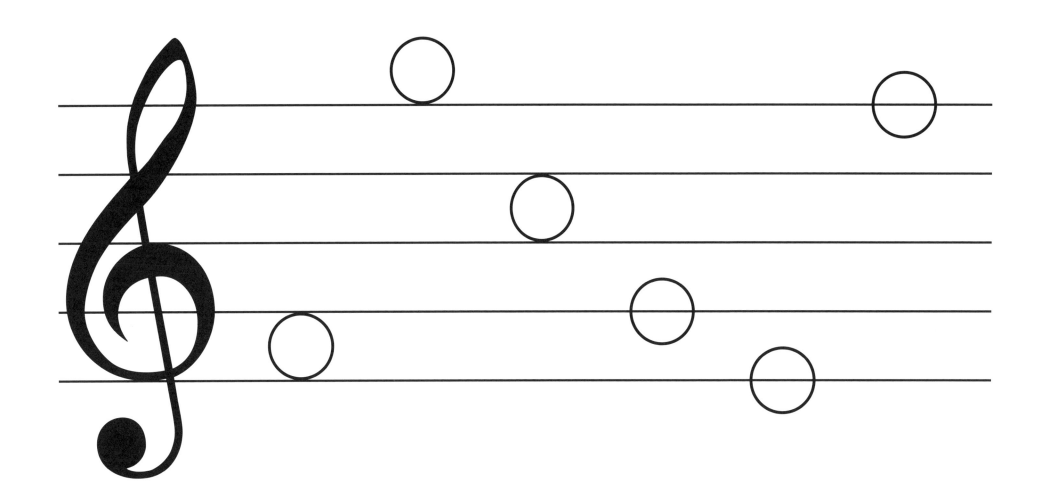

あてっこゲーム7

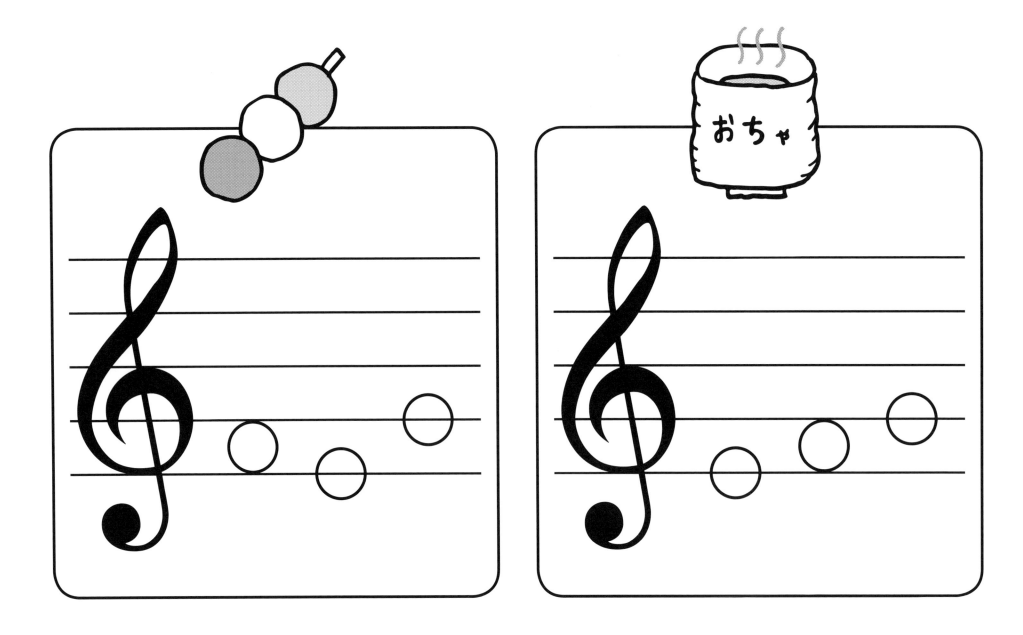

ラケットとボールをせんでむすびましょう

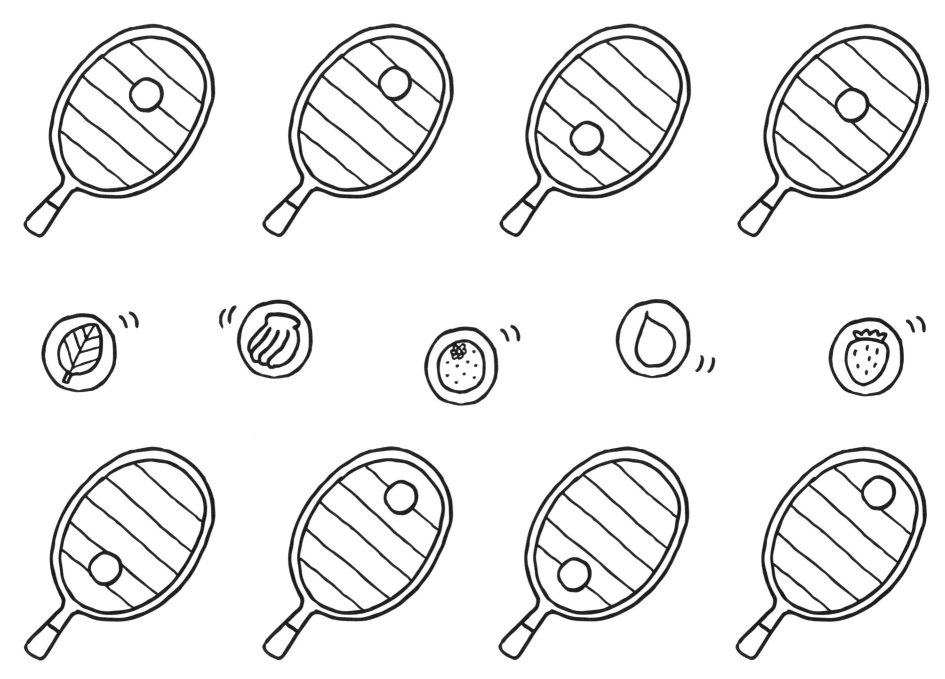

おんぷにいろをぬりましょう（ど—あか　れ—きいろ　み—みどり　ふぁ—おれんじ　そ—あお）

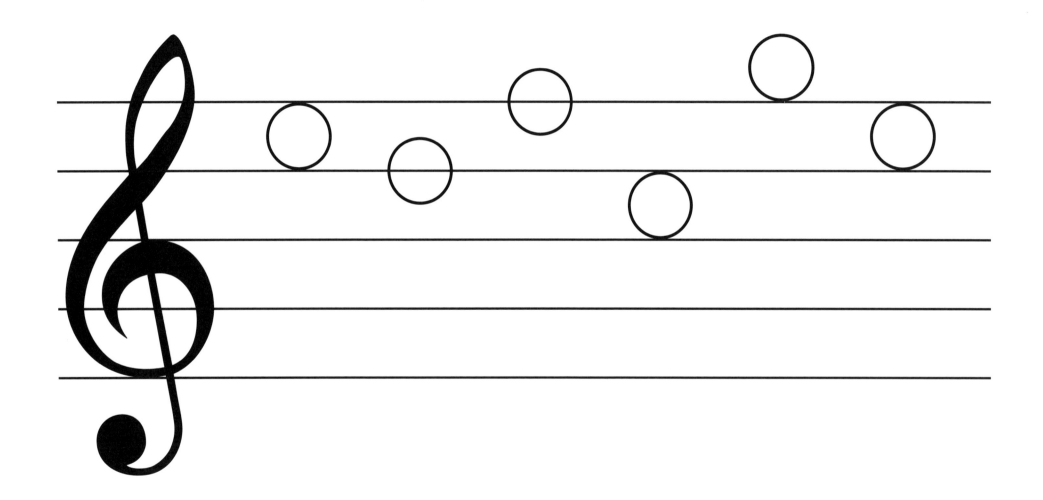

おんぷにいろをぬりましょう（み―みどり　ふぁ―おれんじ　そ―あお）

ハッピーゲーム1　かごのなかのおんぷにしなものをせんでむすびましょう

ハッピーゲーム２ ゆきだるまとバケツをせんでむすびましょう

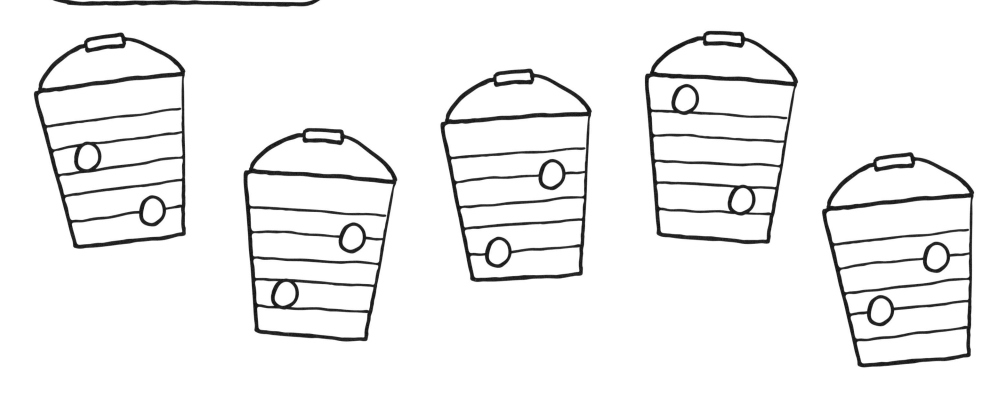

ハッピーゲーム３

ともだちのひつじをせんでむすびましょう

ハッピーゲーム4　じぶんのどんぐりをひろっていきましょう

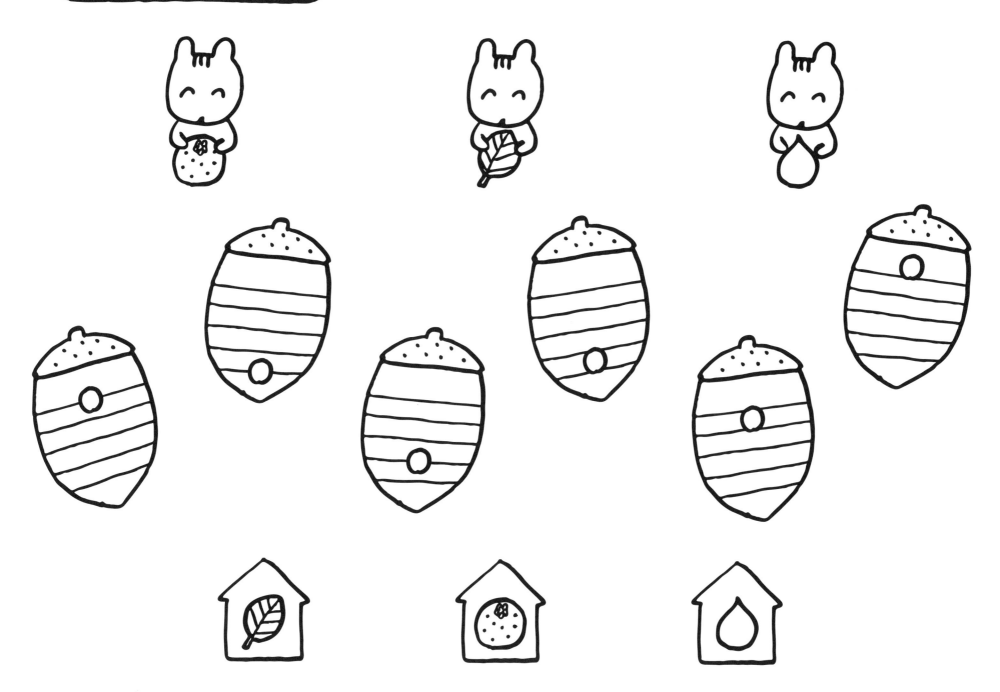

ハッピーゲーム5

おなべのなかにひとつだけちがうものがはいっています
なかまはずれに×をしましょう

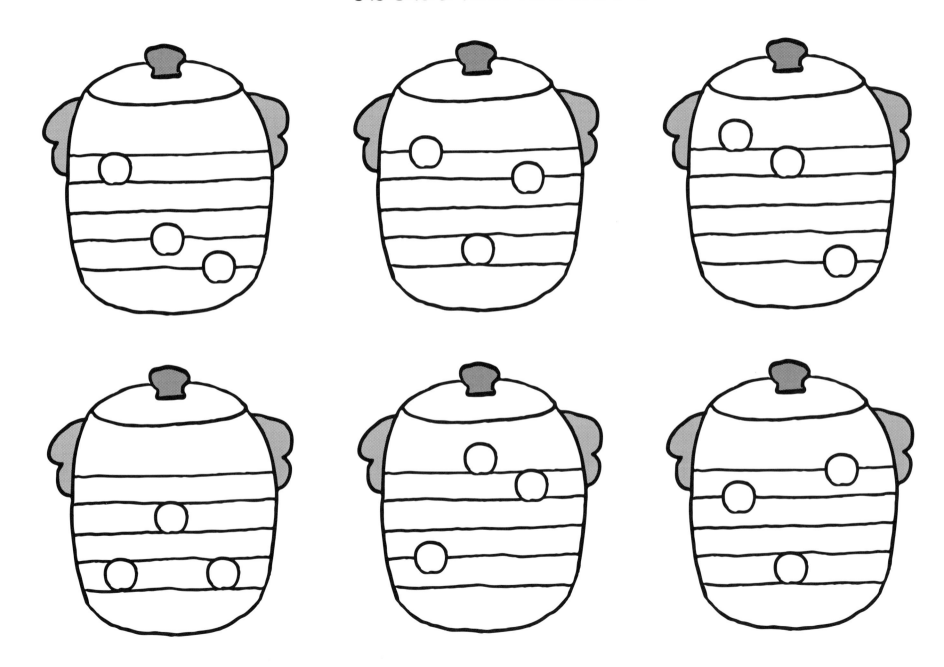

ハッピーゲーム6　てぶくろとけんばんのいろをぬり、せんでむすびましょう

うたって おどって たのしいな！
幼児の音感ドレミファソラシド①②
（CD対応 おんかんゲームつき）

各定価［本体1,300円＋税］

小さい子のレッスンを楽しくするリズム遊びとダンスの楽しいテキスト。㈱ビクターエンタテインメントから発売されているCD「音感ドレミファソラシド」に対応していますが、自由な発想で幅広く使うことができます。「おんかんゲーム」は小さい子でもできる音あてのゲームです。

たのしいな！ 幼児のうたと音感①〜⑤

各定価［本体1,200円＋税］

別冊・幼児のうたと音感①〜⑤（CD＆カードつき）

各定価［本体1,800円＋税］

昔からの童謡を歌いながら楽しくリズム感と音感を養います。まねっこゲームや音あて、ダンスやリズム遊びなど多彩な内容です。「別冊」として対応CDが発売されており、収録曲のピアノ楽譜や各曲の指導ポイント、遊び方のバリエーションが載っています。巻末には音感習得のための音符カードがついています。

どんどん・どんぐり・おとあてゲーム①〜③

CDつき　各定価［本体1,800円＋税］
CDなし　各定価［本体1,200円＋税］

音感に絞ってトレーニングする楽しいテキスト。小さい子から少し大きい子まで幅広く使うことができ、問題が収録されたCDつきとCDなしが発売されています。耳に集中して聴くことによって自分の奏でる音に対する気持ちが変わってきます。各ページの問題は、いつでも心躍るゲームの形をとっています。

遠藤蓉子ホームページ　http://yoppii.g.dgdg.jp/
【YouTube】よっぴーのお部屋　レッスンの扉

著　者	遠藤蓉子
DTP	アトリエ・ベアール
発行者	鈴木祥子
発行所	株式会社サーベル社
定　価	［本体1020円＋税］
発行日	2025年1月25日

バイエルのまえに
ハッピー・ワークブック ③
（あてっこゲームつき）

〒130-0025　東京都墨田区千歳2-9-13
TEL 03-3846-1051　FAX 03-3846-1391
http://www.saber-inc.co.jp/

この著作物を権利者に無断で複写複製することは、著作権法で禁じられています。
万一、落丁・乱丁の場合は送料小社負担でお取り替えいたします。

ISBN978-4-88371-924-2 C0073 ¥1020E